Elephant Swear

Swear Word Coloring Book for Ranting & Relaxing

By

S.B. Nozaz

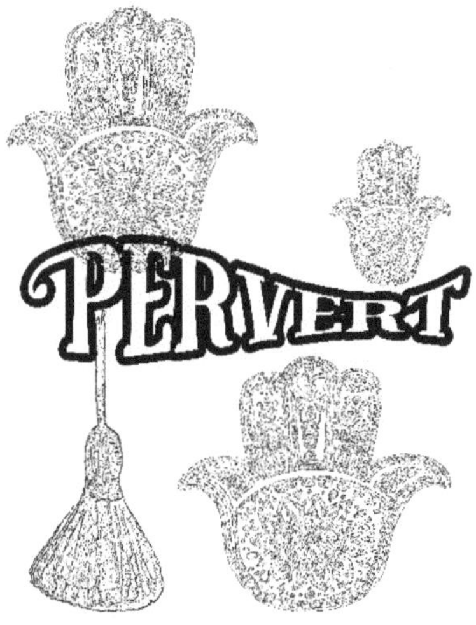

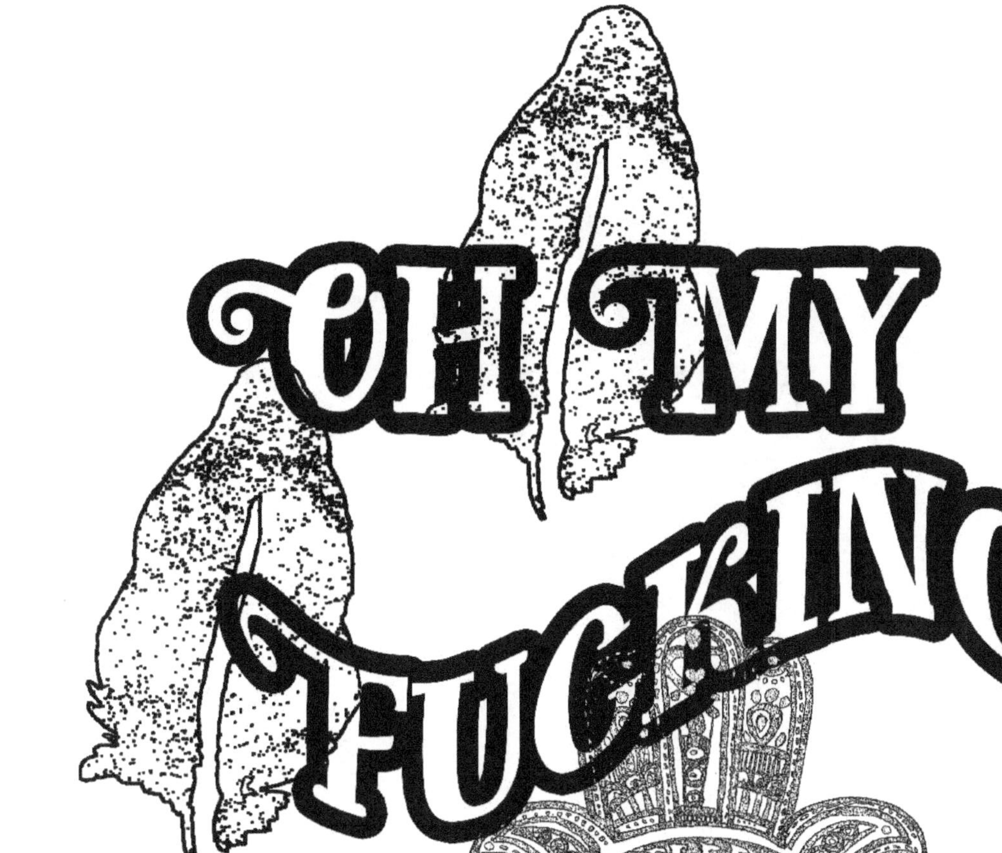
OH MY
FUCKING
GOD

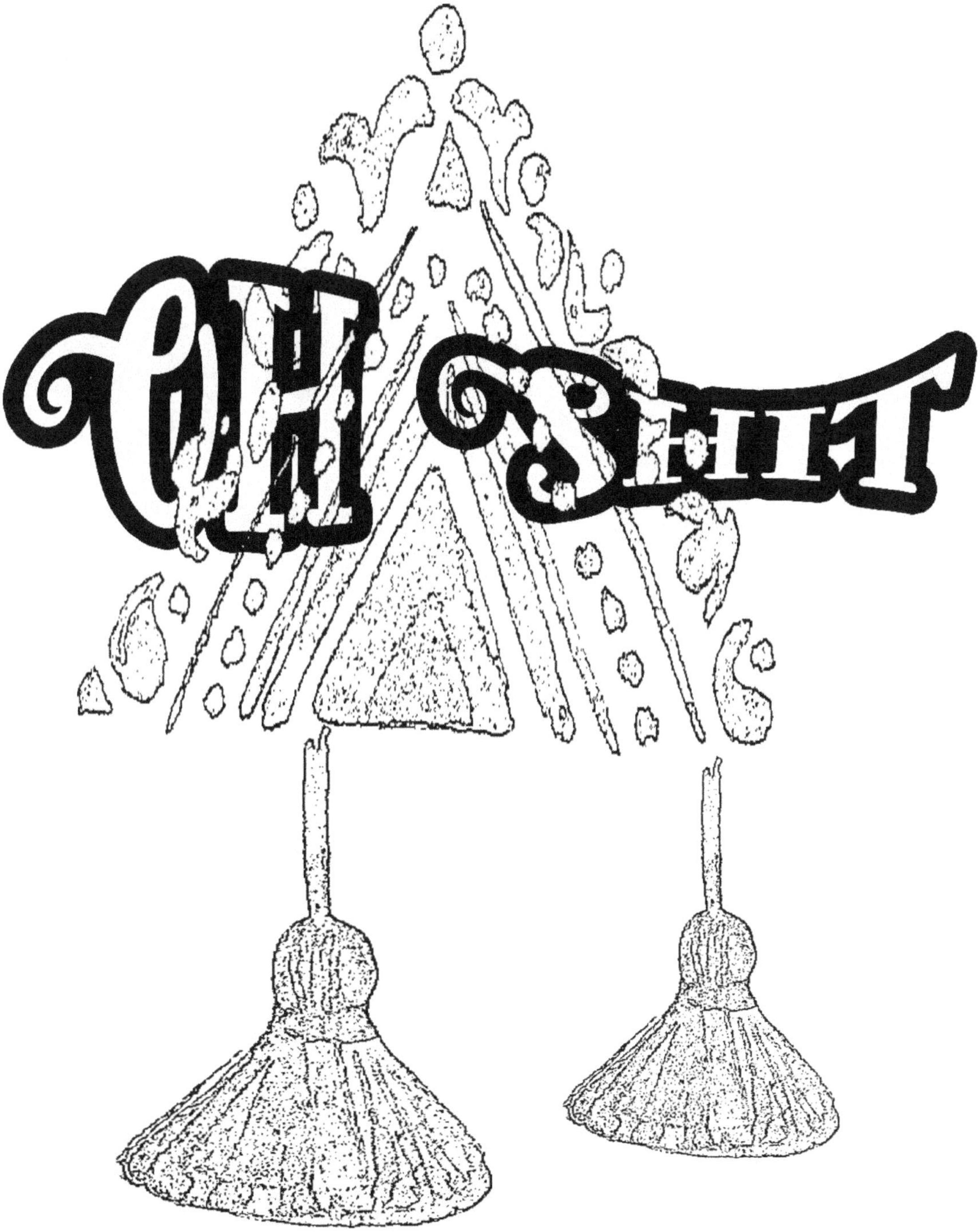
Oh Shit

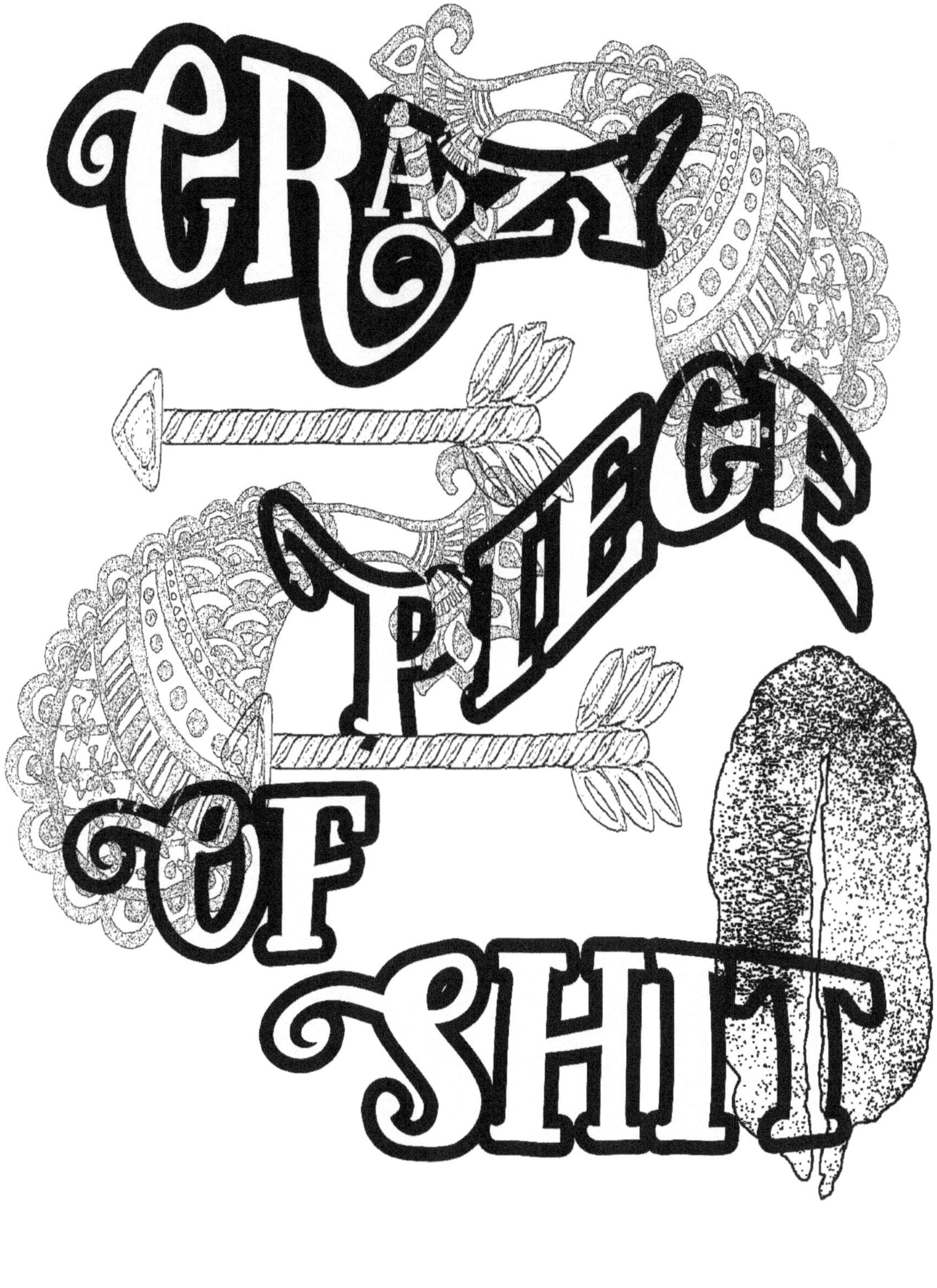
CRAZY
PIECE
OF
SHIT

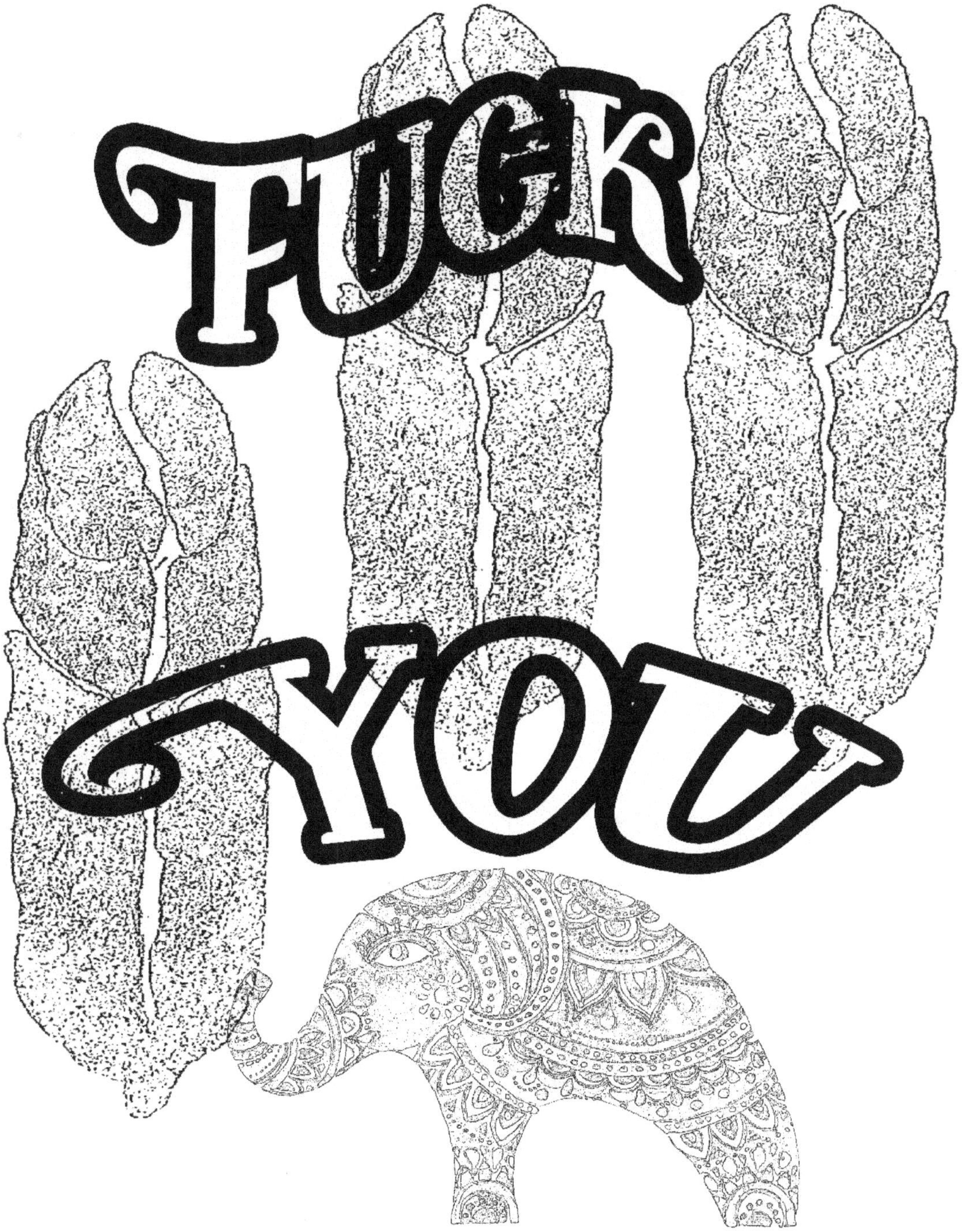
FUCK
YOU

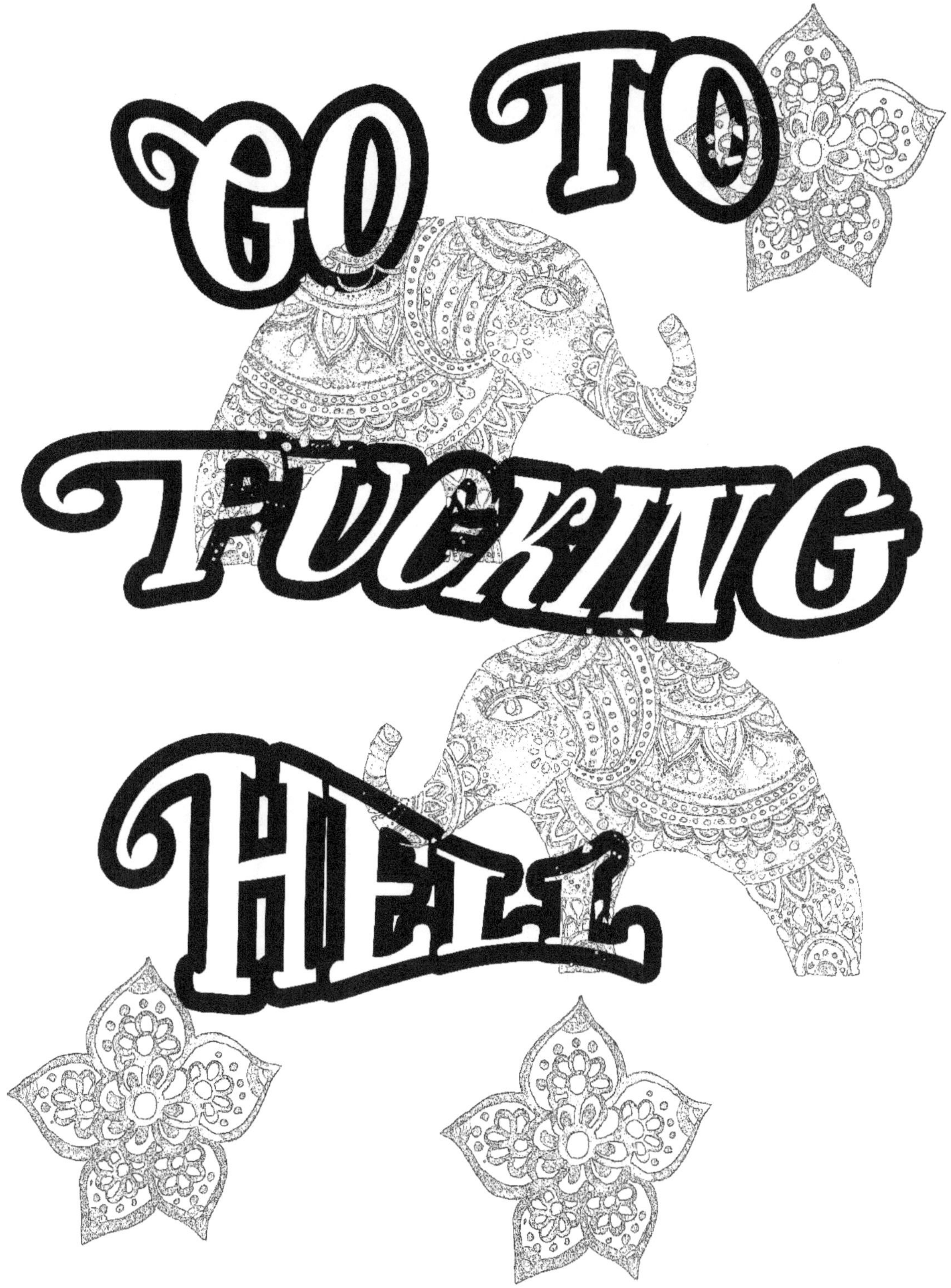
GO TO
FUCKING
HELL

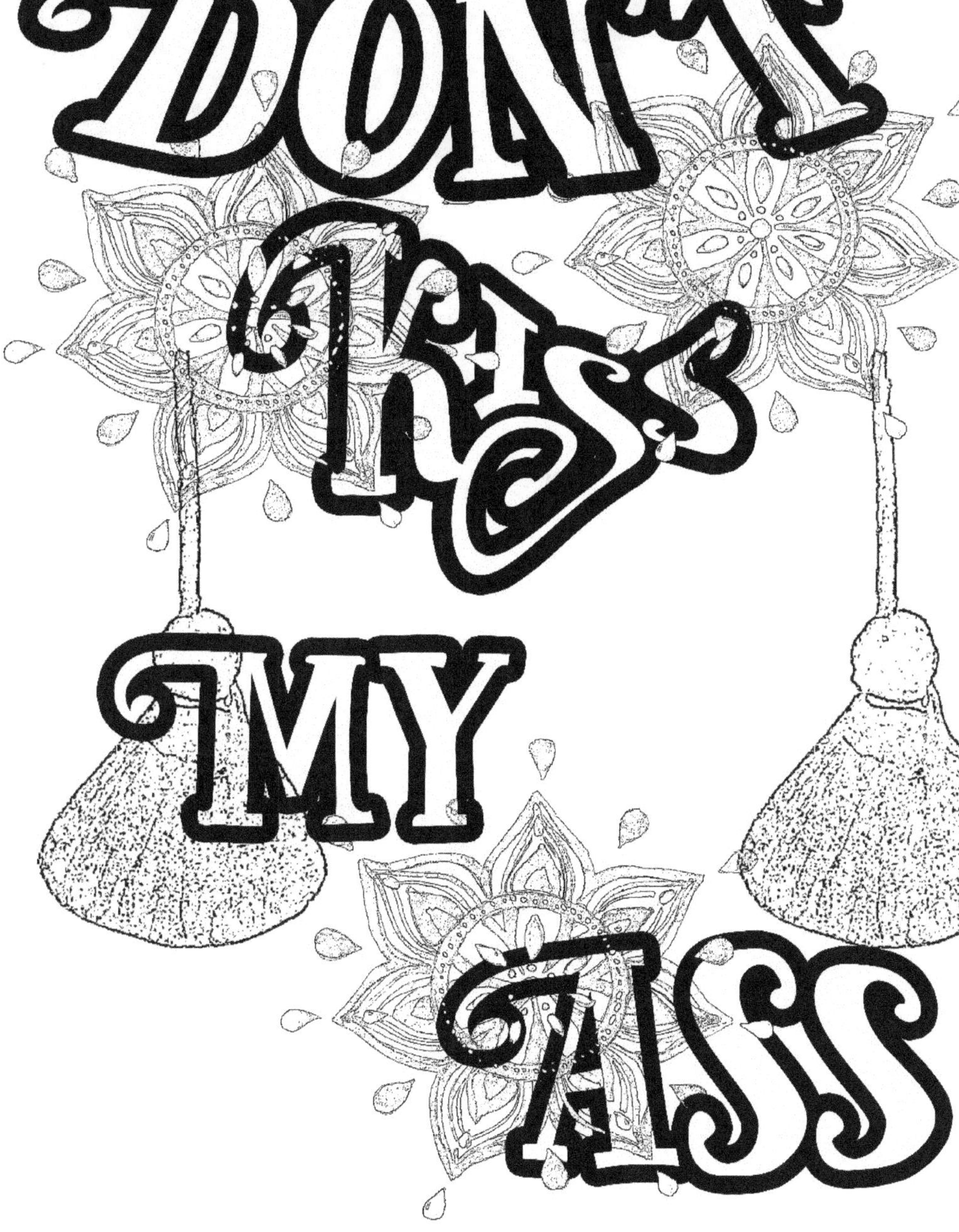
DON'T
KISS
MY
ASS

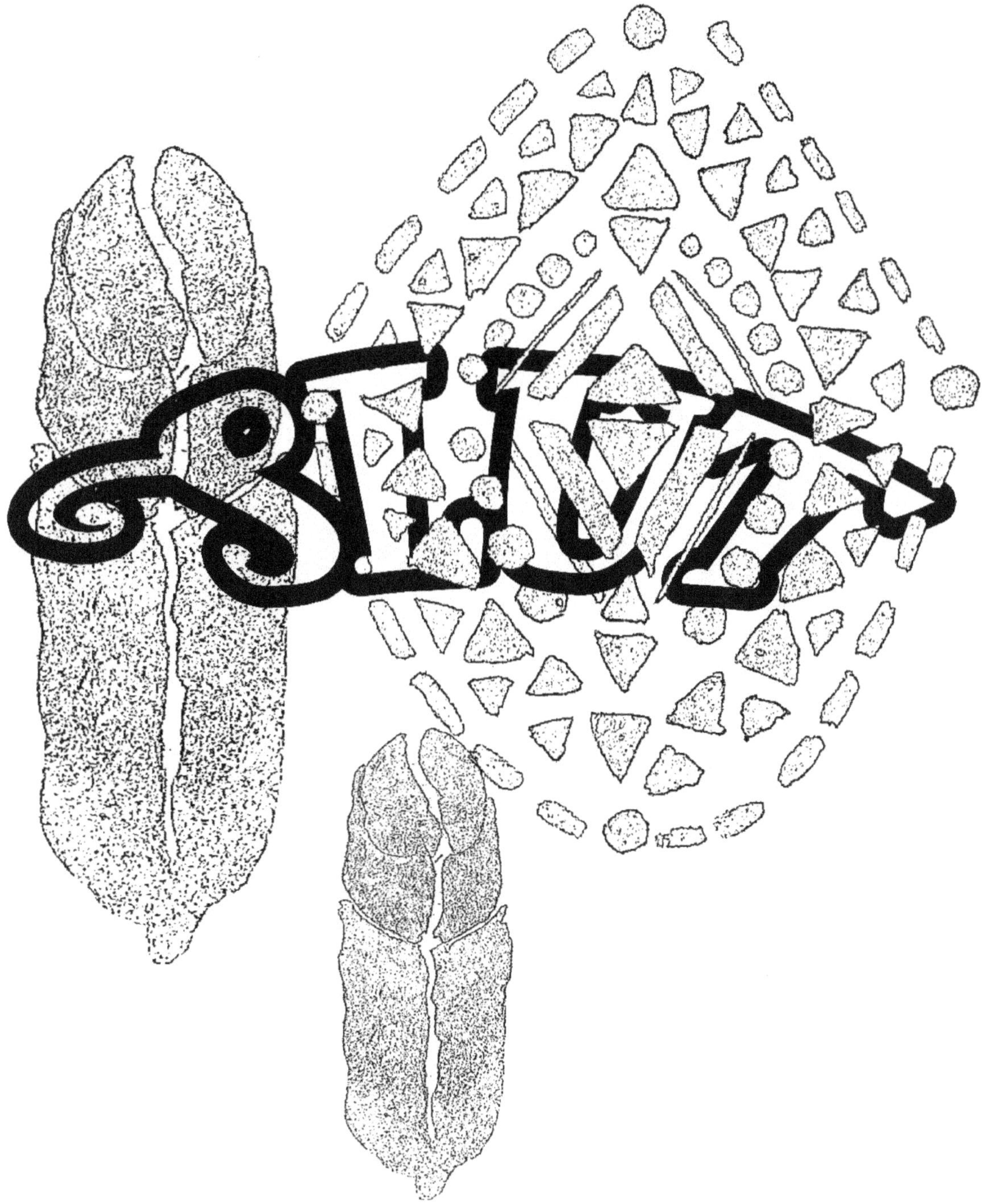
SLUT

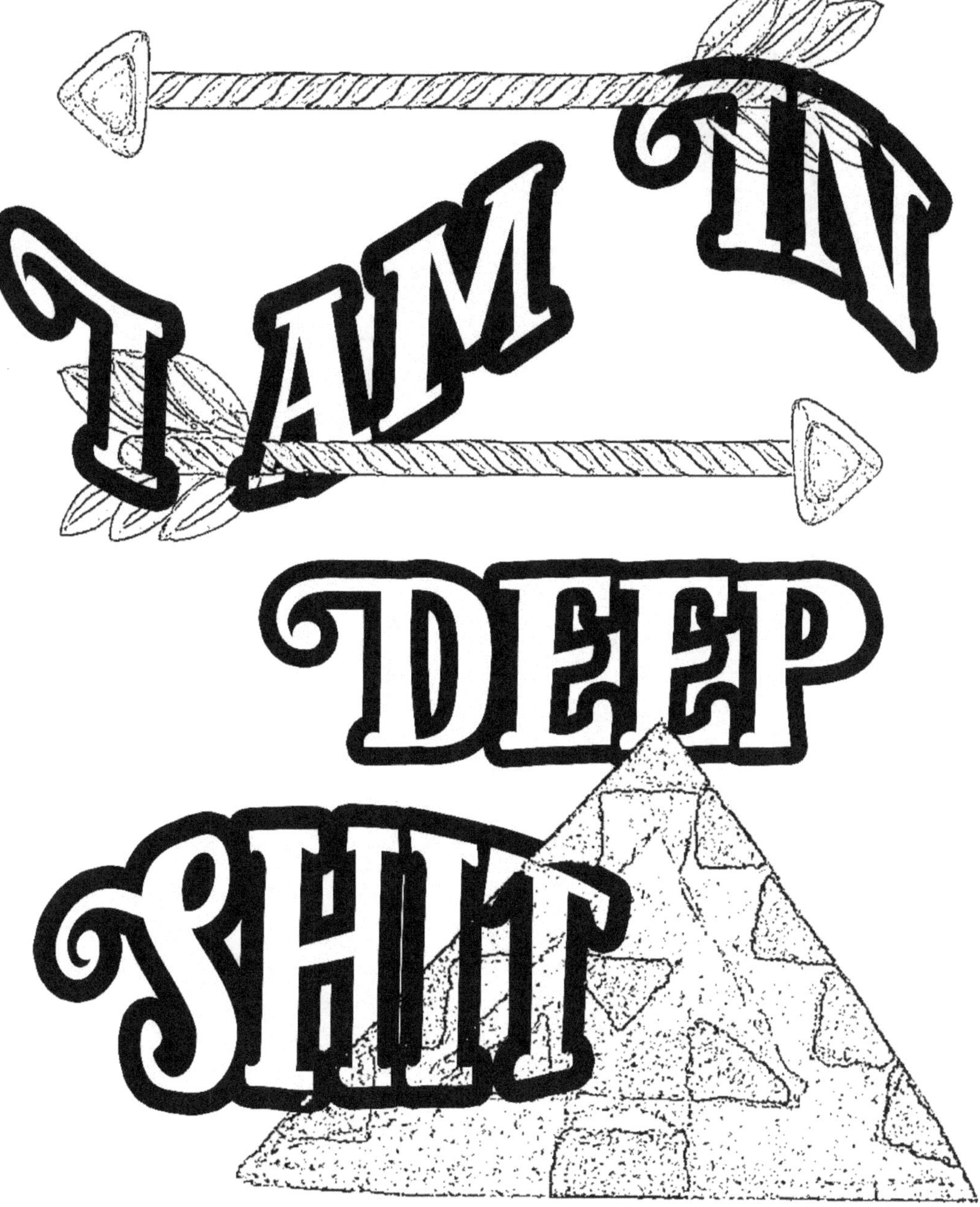
I AM IN
DEEP
SHIT

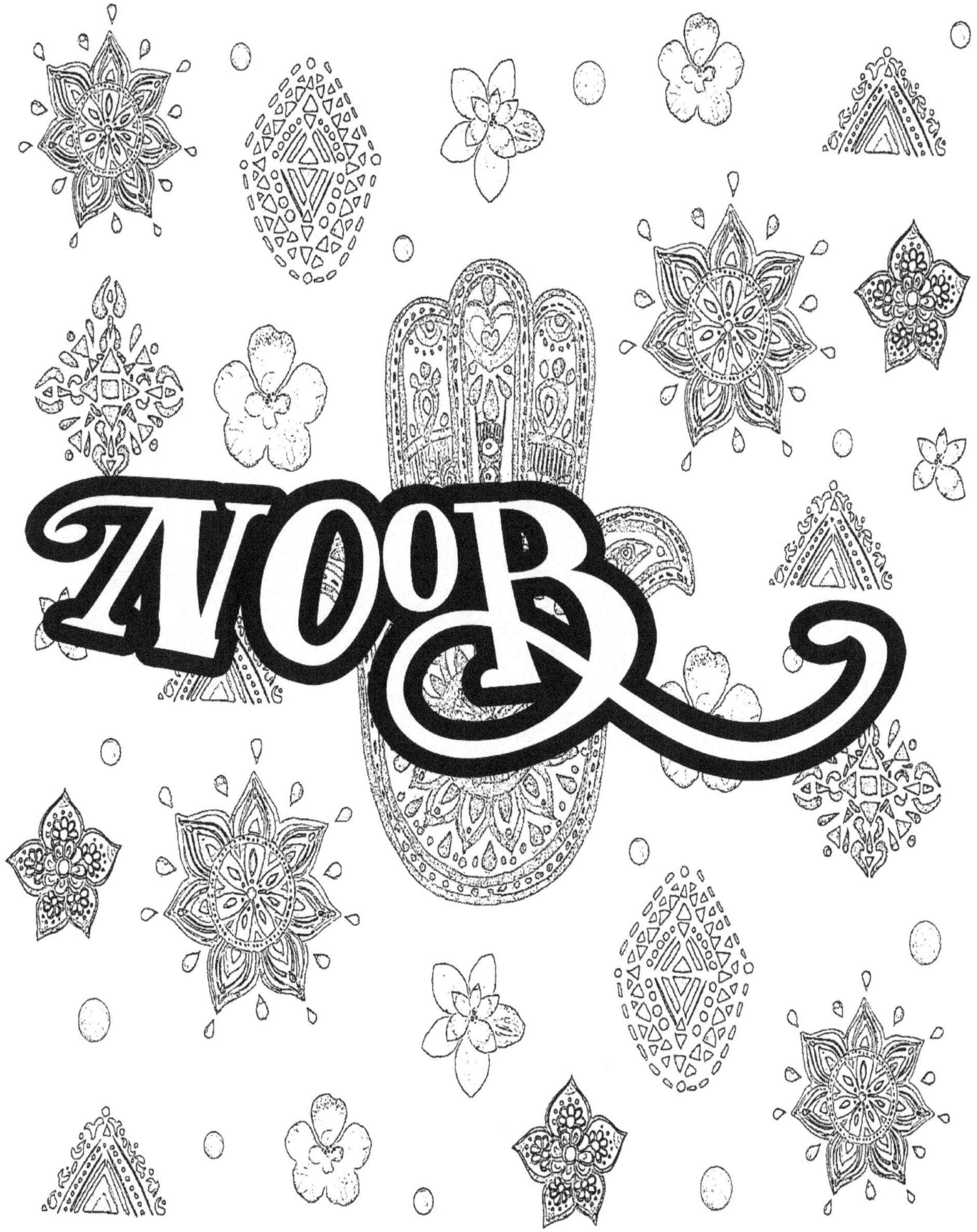
NOOR

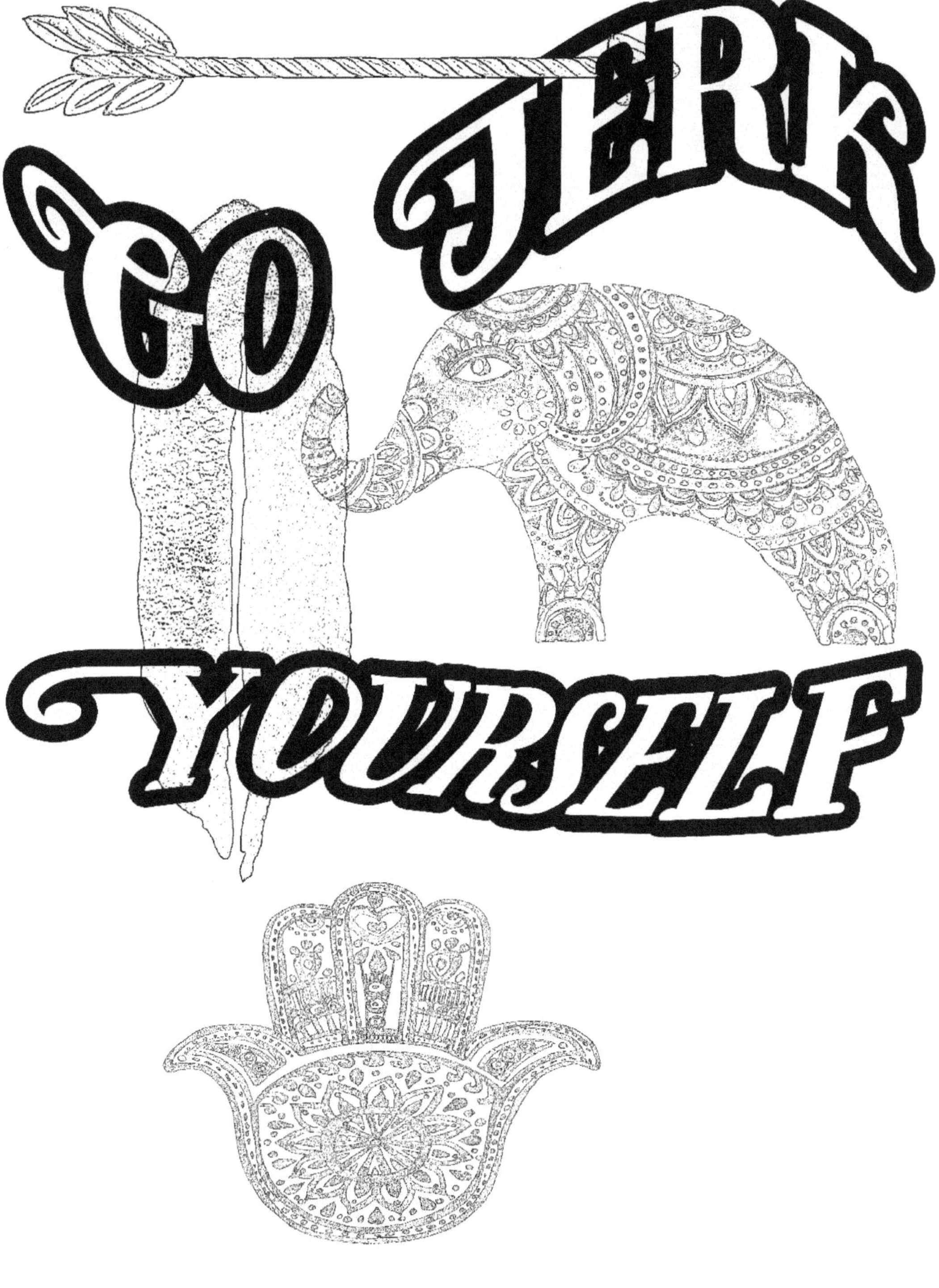
GO JERK
YOURSELF

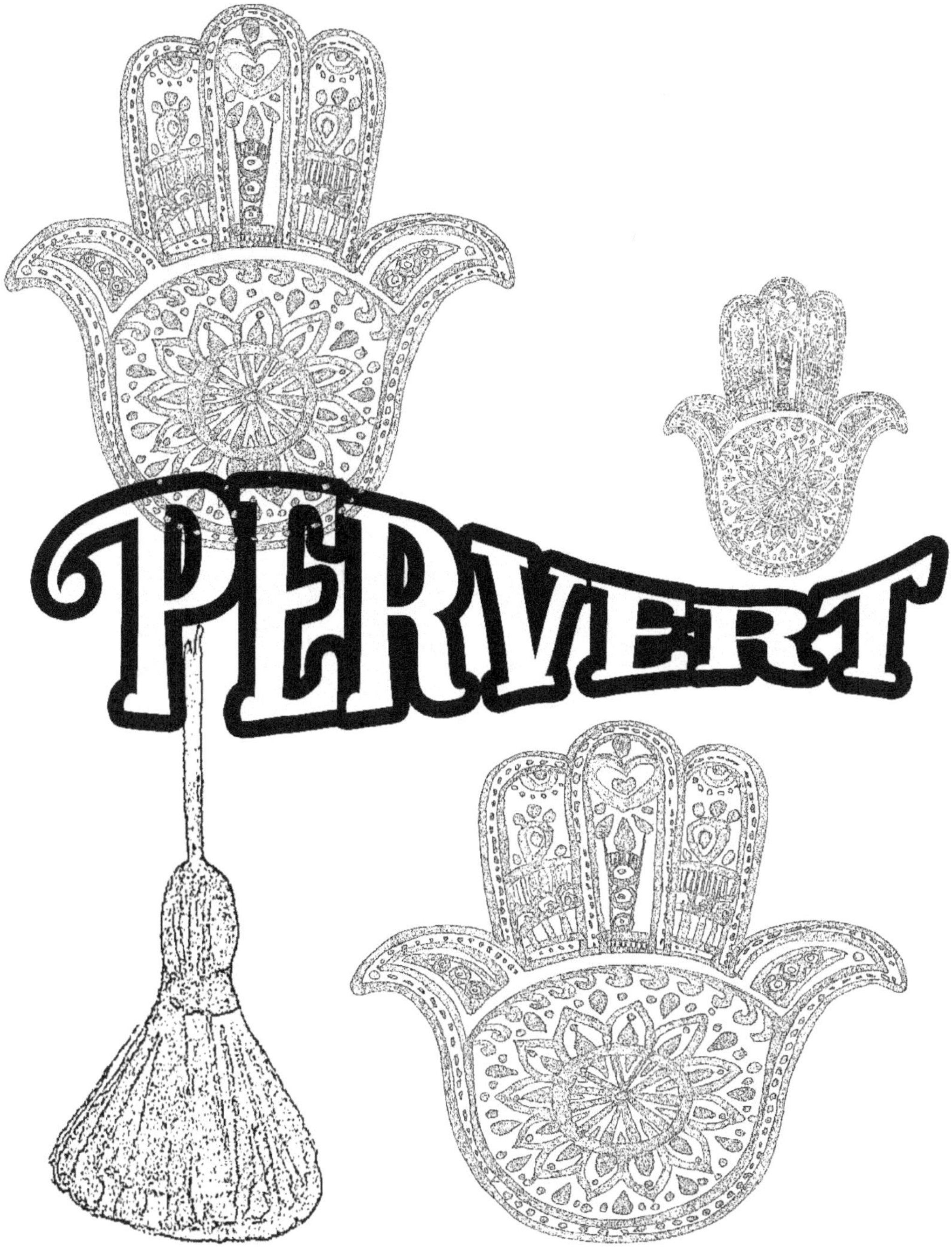
PERVERT

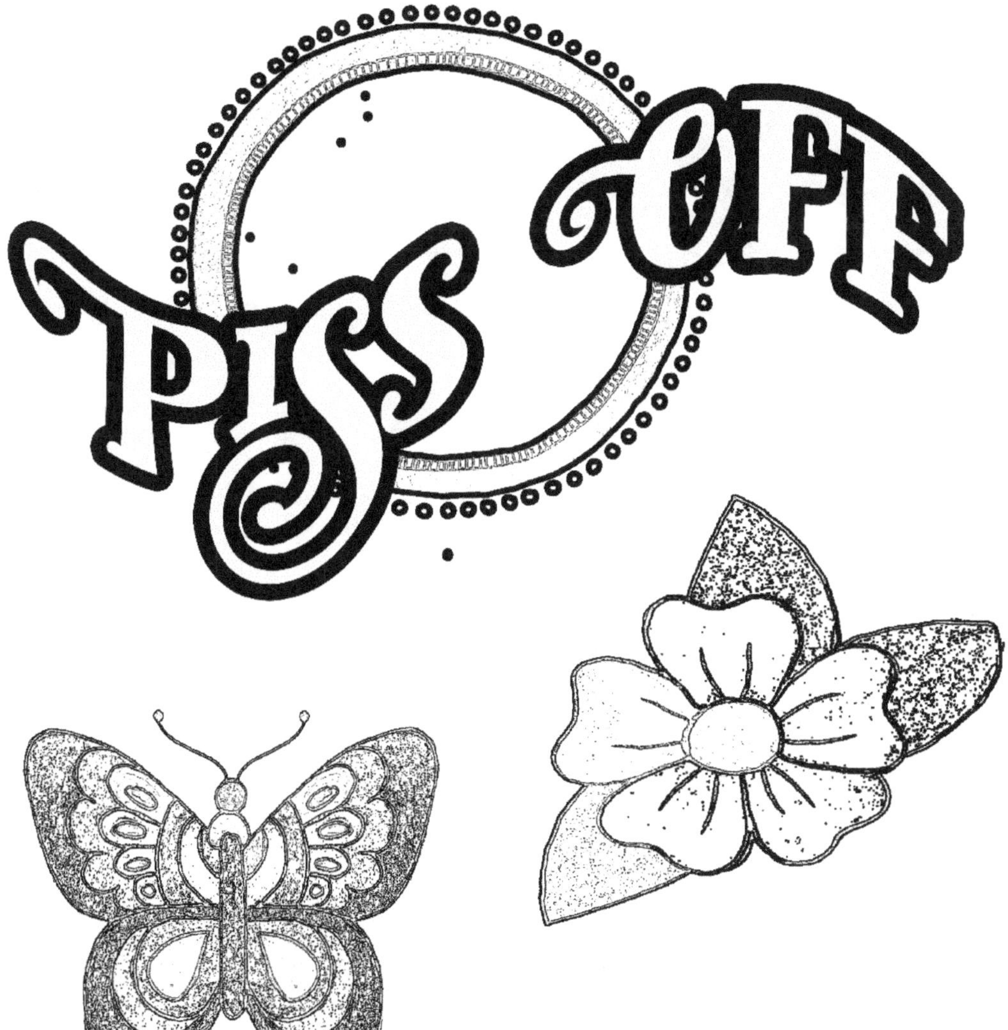
PISS OFF

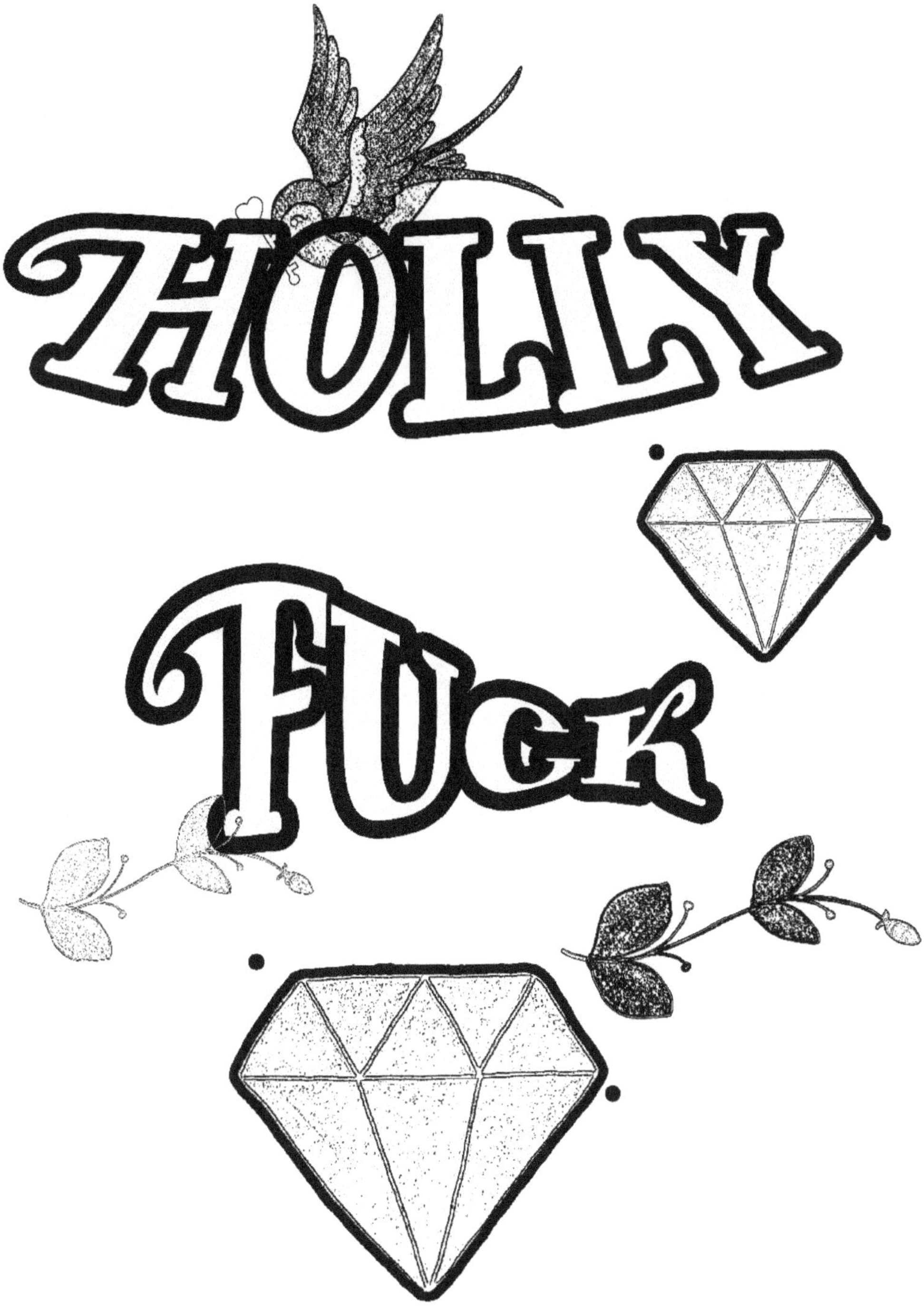
HOLLY
FUCK

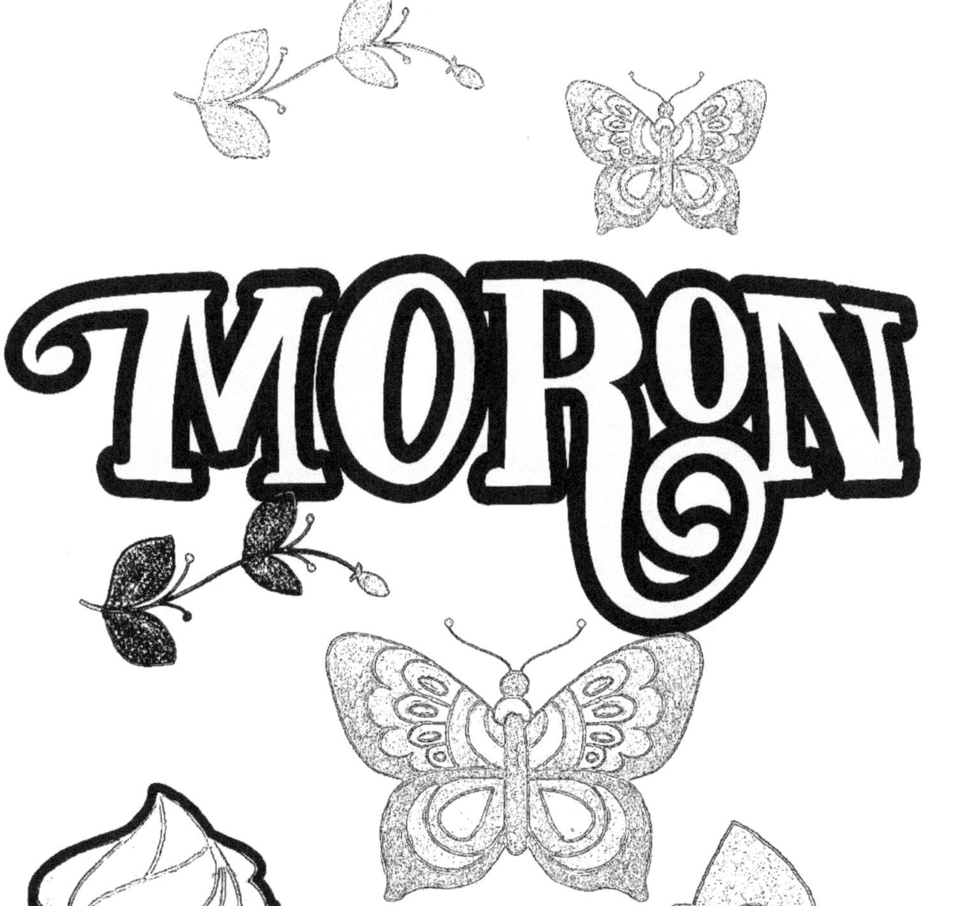
MORON

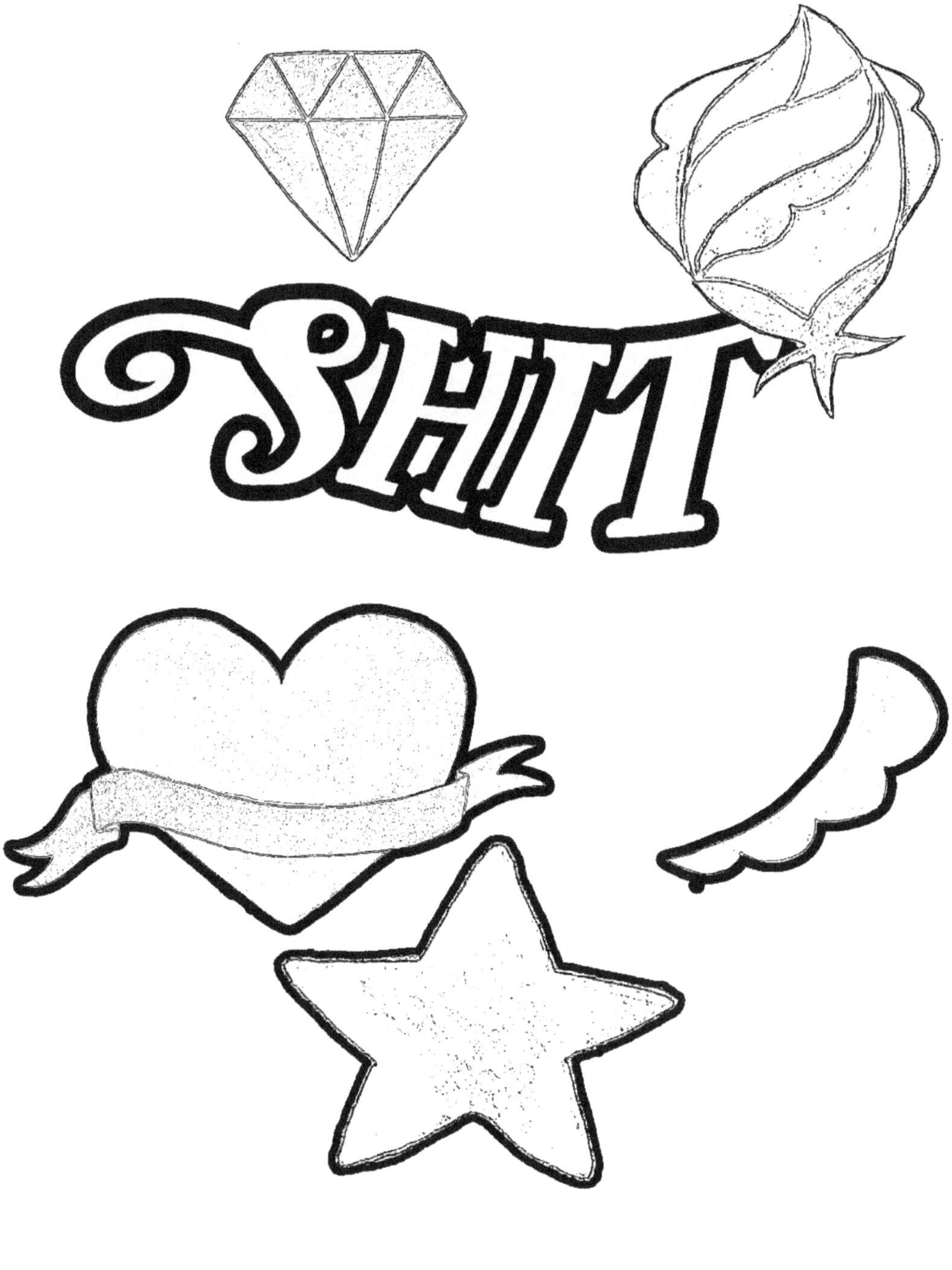
SHIT

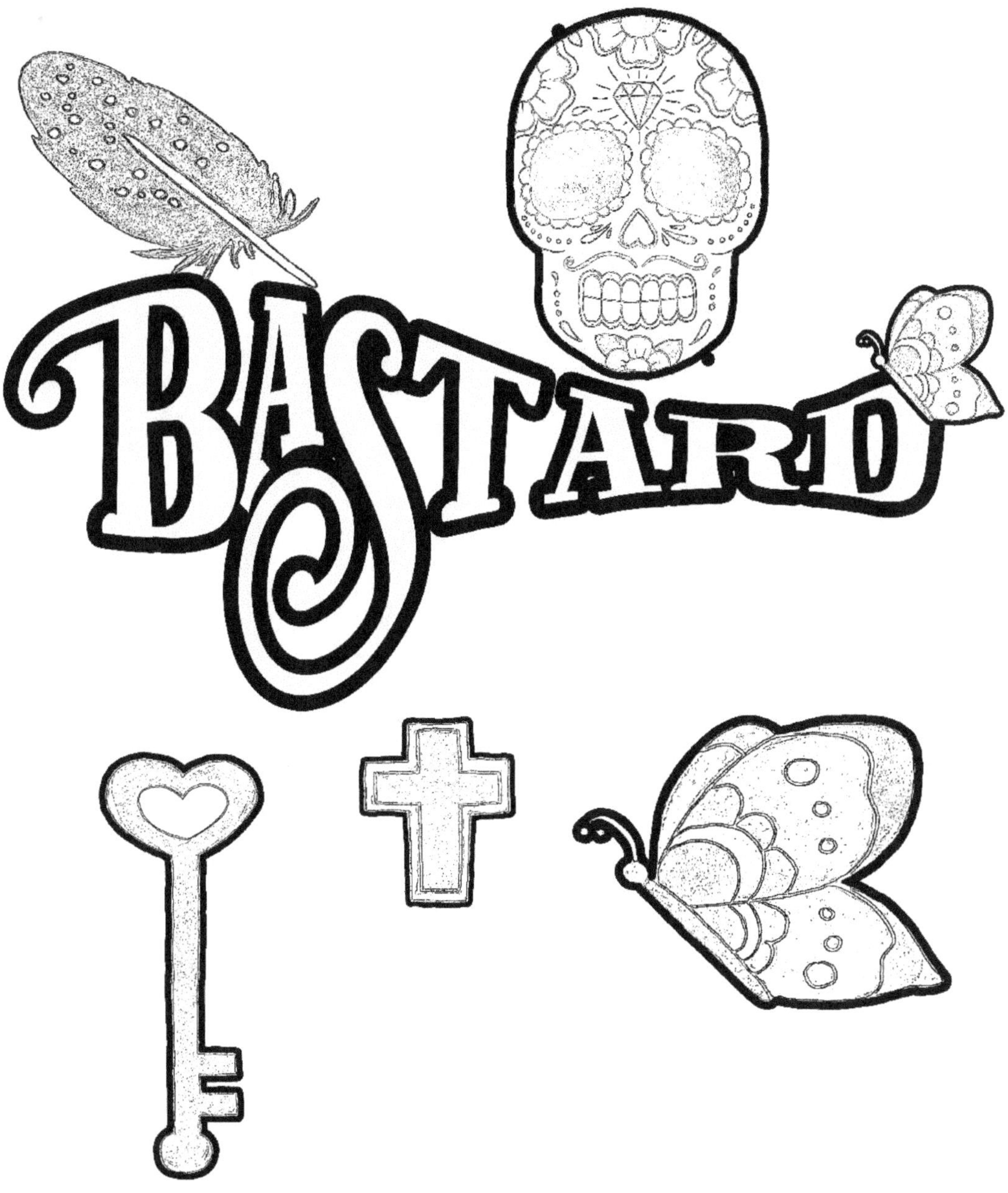
BASTARD

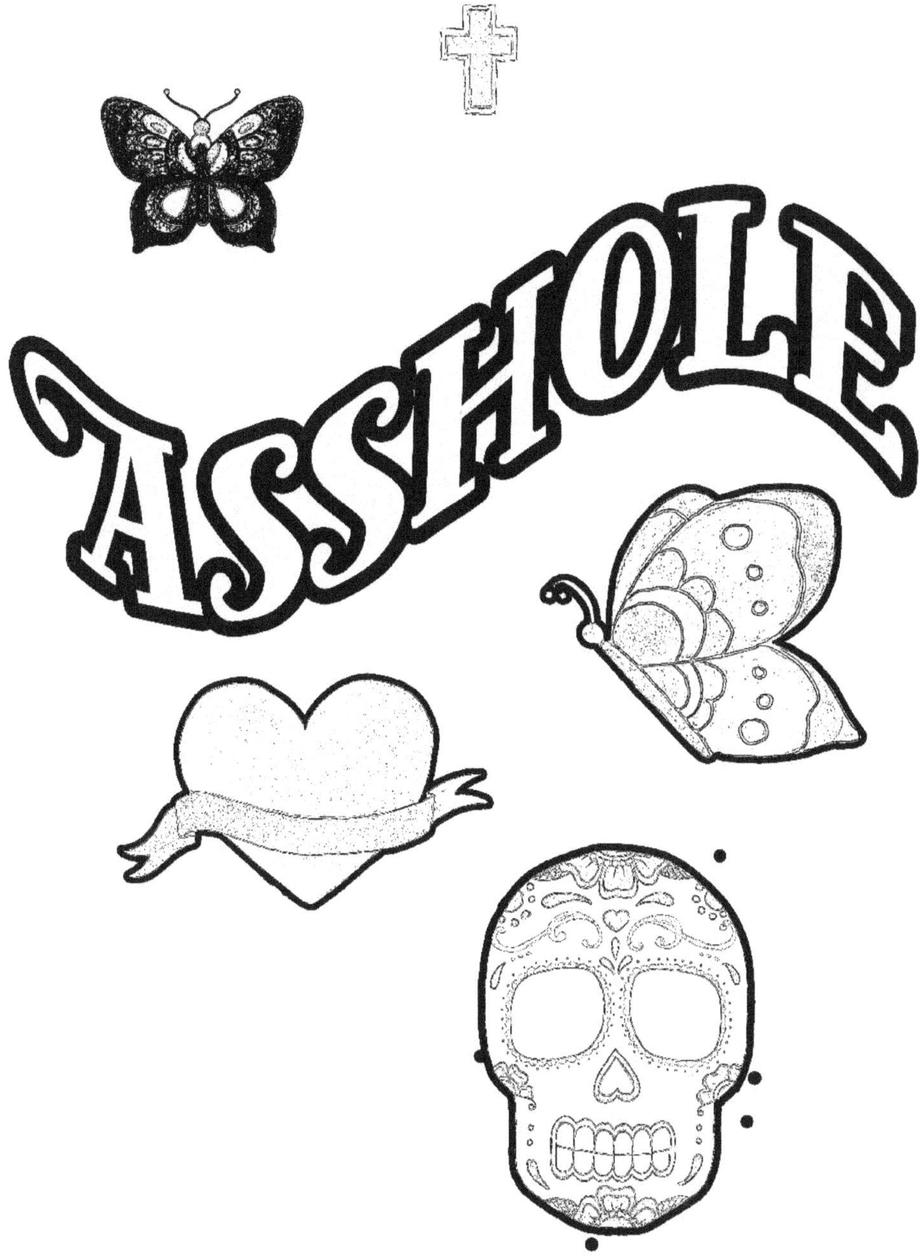
ASSHOLE

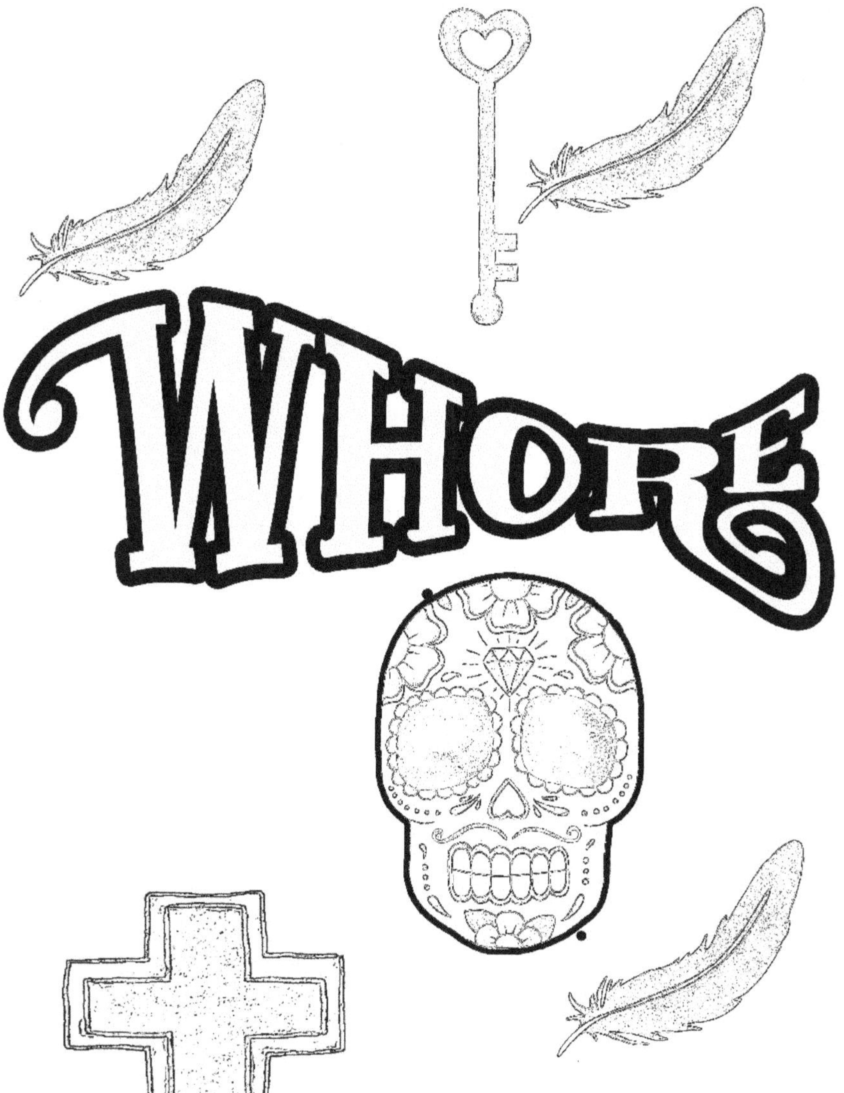
WHORE

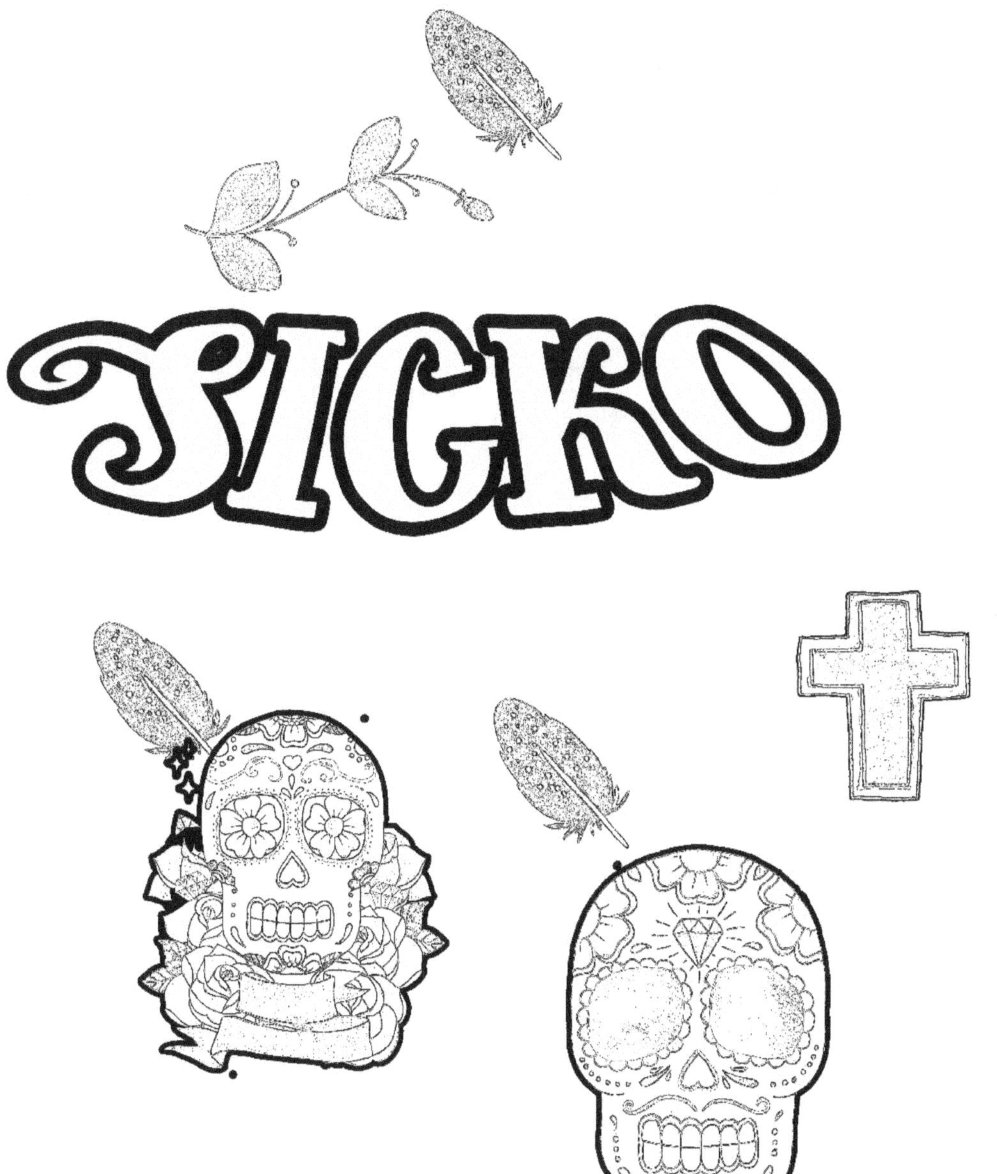
SICKO

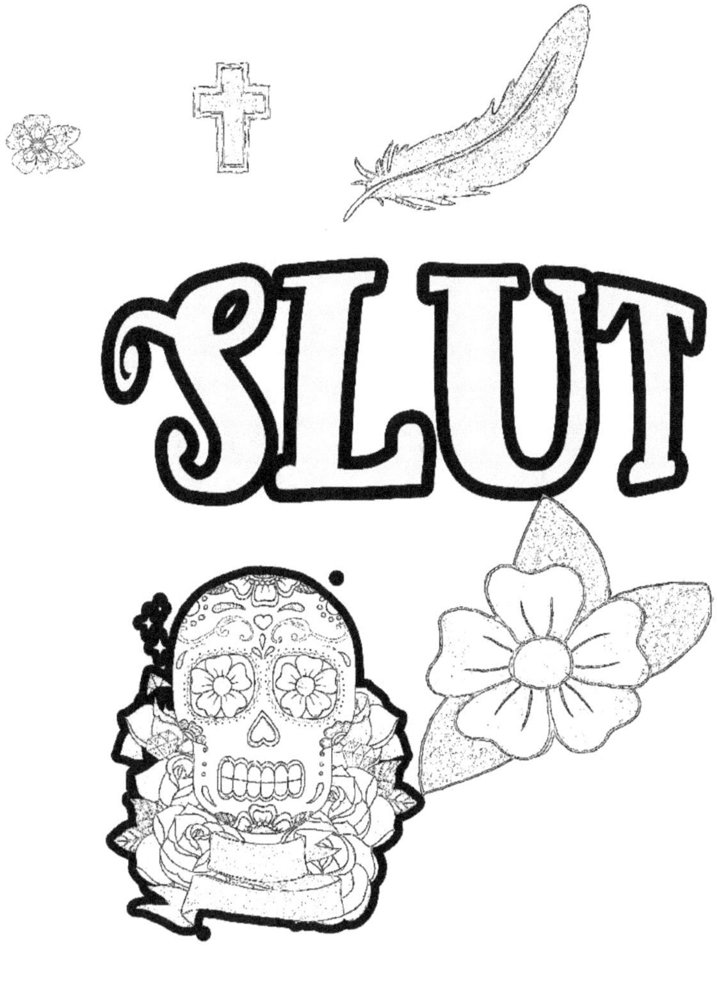
SLUT

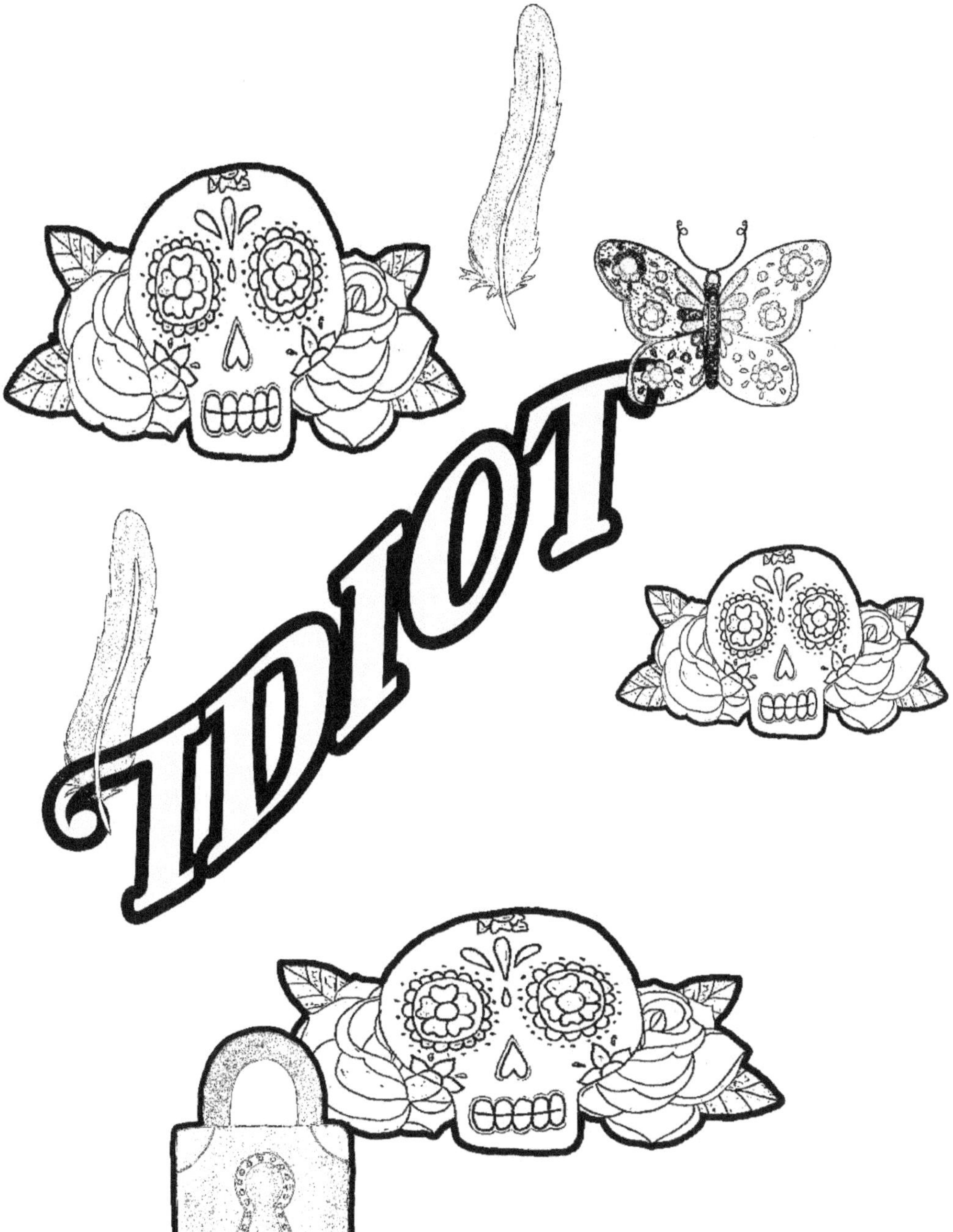
IDIOT

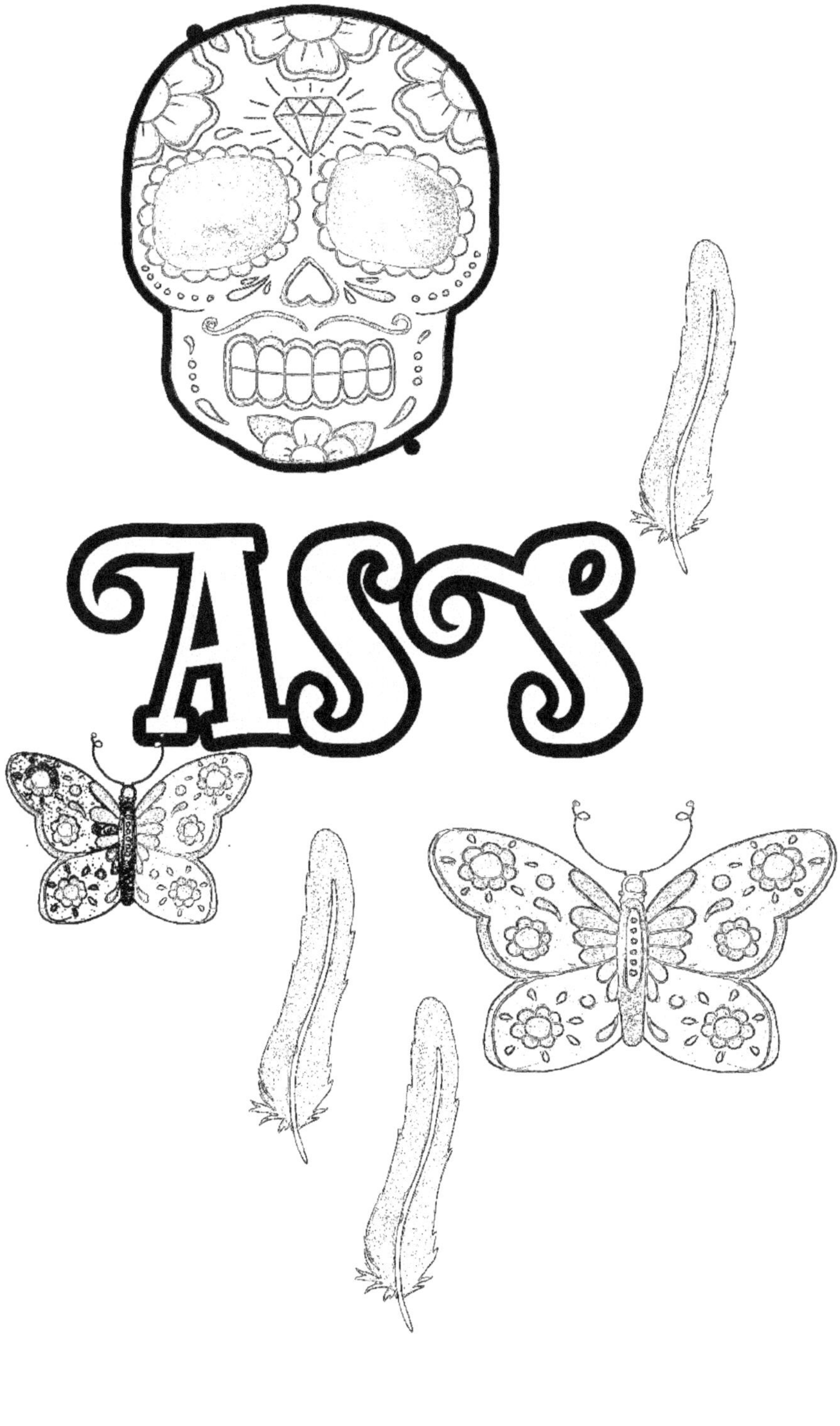
ASS

Note

www.ingramcontent.com/pod-product-compliance
Lightning Source LLC
Chambersburg PA
CBHW080642190526
45169CB00009B/3467
9781533518378